Kosmisch

Gary M. Forester

AF105602

Verkehrszeichen

Ohne Regeln geht es nicht ...

Sicher im Straßenverkehr

Spielerisch lernen

Farbiges Legematerial

Lernen mit Erfolg
KOHL VERLAG
www.kohlverlag.de

Verkehrszeichen
Sicher im Straßenverkehr

6. Auflage 2025

© Kohl-Verlag, Kerpen 2020
Alle Rechte vorbehalten.

<u>Inhalt</u>: Gary M. Forester
<u>Umschlagbild</u>: © vegevox - AdobeStock.com
<u>Redaktion</u>: Kohl-Verlag
<u>Grafik & Satz</u>: Kohl-Verlag
<u>Druck</u>: Druckerei Flock, Köln

Bestell-Nr. 15 043

ISBN: 978-3-96624-077-2

Bildquellen:
Seite 3 © fir4ik - AdobeStock.com; **Seite 5** © Dvarg - AdobeStock.com, © Wikipedia.de; **Seite 6** © Ilya_kovshik - AdobeStock.com; **Seite 7** © Wikipedia.de; **Seite 9** © Wikipedia.de; **Seite 11** © Wikipedia.de; **Seite 13** © Wikipedia.de; **Seite 15** © Wikipedia.de; **Seite 17** © Wikipedia.de; **Seite 19** © Wikipedia.de; **Seite 21** © Wikipedia.de; **Seite 23** © Wikipedia.de; **Seite 25** © Wikipedia.de; **Seite 27** © Wikipedia.de, © R-DESIGN - AdobeStock.com; **Seite 29** © Wikipedia.de; **Seite 31** © Wikipedia.de; **Seite 33** © Wikipedia.de

Das vorliegende Werk und seine Teile sind urheberrechtlich geschützt. Jede Nutzung in anderen als den gesetzlich zugelassenen Fällen bedarf der vorherigen schriftlichen Einwilligung des Verlages. Hinweis zu § 52a UrhG: Weder das Werk noch seine Teile dürfen ohne eine solche Einwilligung eingescannt und in ein Netzwerk oder das Internet eingestellt werden. Dies gilt auch für Intranets von Schulen und sonstigen Bildungseinrichtungen.

<u>Kontakt</u>: Kohl-Verlag, An der Brennerei 37-45, 50170 Kerpen
Tel: +49 2275 331610, Mail: info@kohlverlag.de

Der vorliegende Band ist eine Print-<u>Einzellizenz</u>

Sie wollen unsere Kopiervorlagen auch digital nutzen? Kein Problem – fast das gesamte KOHL-Sortiment ist auch sofort als PDF-Download erhältlich! Wir haben verschiedene Lizenzmodelle zur Auswahl:

	Print-Version	PDF-Einzellizenz	PDF-Schullizenz	Kombipaket Print & PDF-Einzellizenz	Kombipaket Print & PDF-Schullizenz
Unbefristete Nutzung der Materialien	x	x	x	x	x
Vervielfältigung, Weitergabe und Einsatz der Materialien im eigenen Unterricht	x	x	x	x	x
Nutzung der Materialien durch alle Lehrkräfte des Kollegiums an der lizenzierten Schule			x		x
Einstellen des Materials im Intranet oder Schulserver der Institution			x		x

Die erweiterten Lizenzmodelle zu diesem Titel sind jederzeit im Online-Shop unter www.kohlverlag.de erhältlich.

Unsere Lizenzmodelle

Inhalt

		Seite
Vorwort		3
... und so sieht es aus!		4
	Innensechsecke	5 - 6
1	Gebotsschilder	7 - 10
2	Verbotsschilder	11 - 14
3	Gefahrenschilder	15 - 18
4	Vorfahrtsschilder	19 - 22
5	Hinweisschilder	23 - 26
6	Ampeln und Zebrastreifen	27 - 30
	Abschlussdreiecke	31 - 34

Vorwort

Kinder müssen sich heute in einer Welt zurechtfinden, die ihnen immer weniger Raum zum Spielen und zum freien Toben gewährt. Im Straßenverkehr werden sie mit Anforderungen konfrontiert, denen sie oft nicht gewachsen sind. Unsere Schüler sind Fußgänger, Radfahrer, Beifahrer im Auto und Nutzer öffentlicher Verkehrsmittel.

Kinder nutzen den Verkehrsraum als Spiel-, Sport- und Kommunikationsraum und als Treffpunkt für Gruppenaktivitäten. Auf ihren Wegen in ihrem Wohnumfeld lernen sie dabei die Gefahren und Risiken des Straßenverkehrs erkennen, zu vermeiden oder zu bewältigen. Mit dem Erwerb dieser Fähigkeiten verringert sich ihr Unfallrisiko. Die Kenntnis der wichtigsten Verkehrsschilder soll den Kindern eine Hilfe sein, ihre praktischen Erkenntnisse zu festigen. Dabei wurde hier Wert auf Zeichen gelegt, die auch unsere Kinder schon betreffen, wie Radfahrwege oder Zebrastreifen. Vollständigen Verkehrssinn zu entwickeln schaffen Kinder meist nicht im Grundschulalter, aber die Basis wird geschaffen.

Viel Freude und Erfolg mit diesen Seiten wünschen der Kohl-Verlag und

Gary M. Forester

Es bietet sich an, die Seiten zuerst im Ganzen zu laminieren und anschließend die einzelnen Karten auszuschneiden. Laminiertes Material hält sich länger und kann so über viele Jahre durch viele interessierte Kinderhände gehen.

… und so sieht es aus!

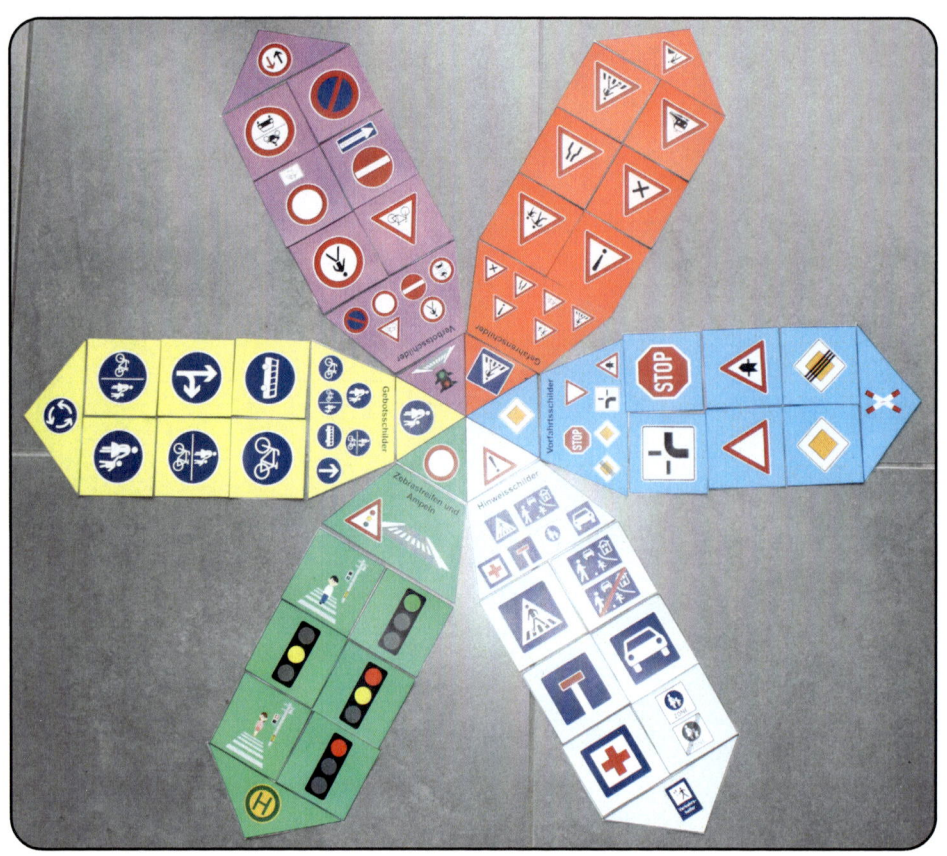

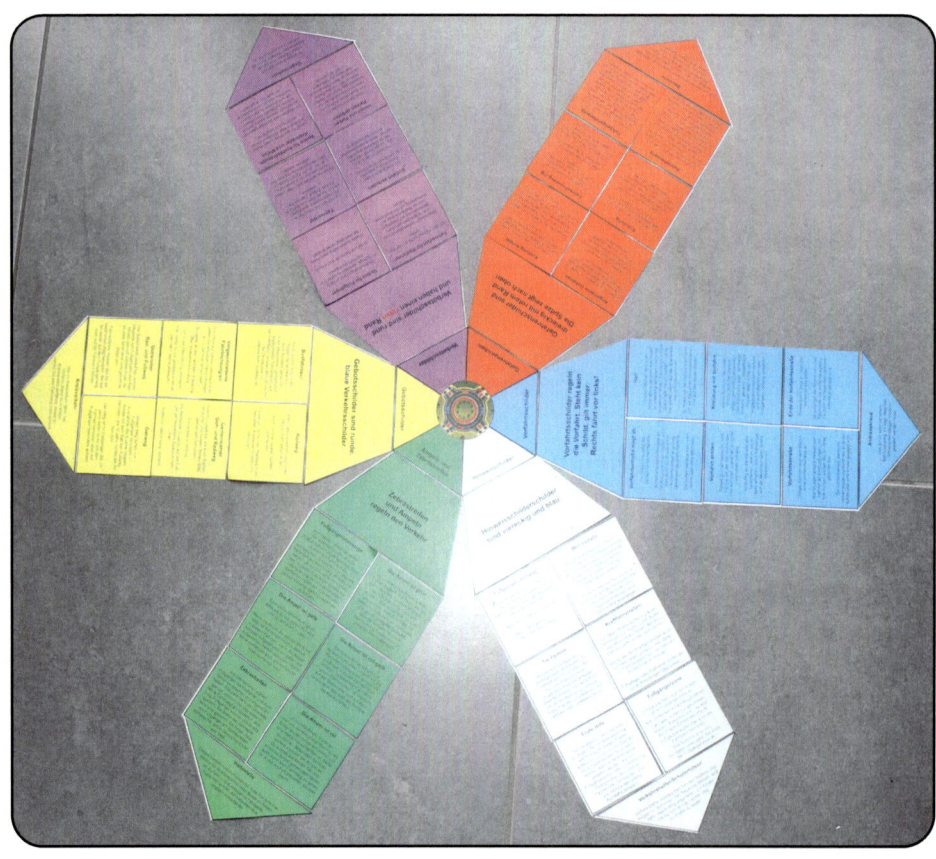

- Gebotsschilder
- Verbotsschilder
- Gefahrenzeichen
- Vorfahrtsschilder
- Hinweisschilder
- Ampeln und Zebrastreifen

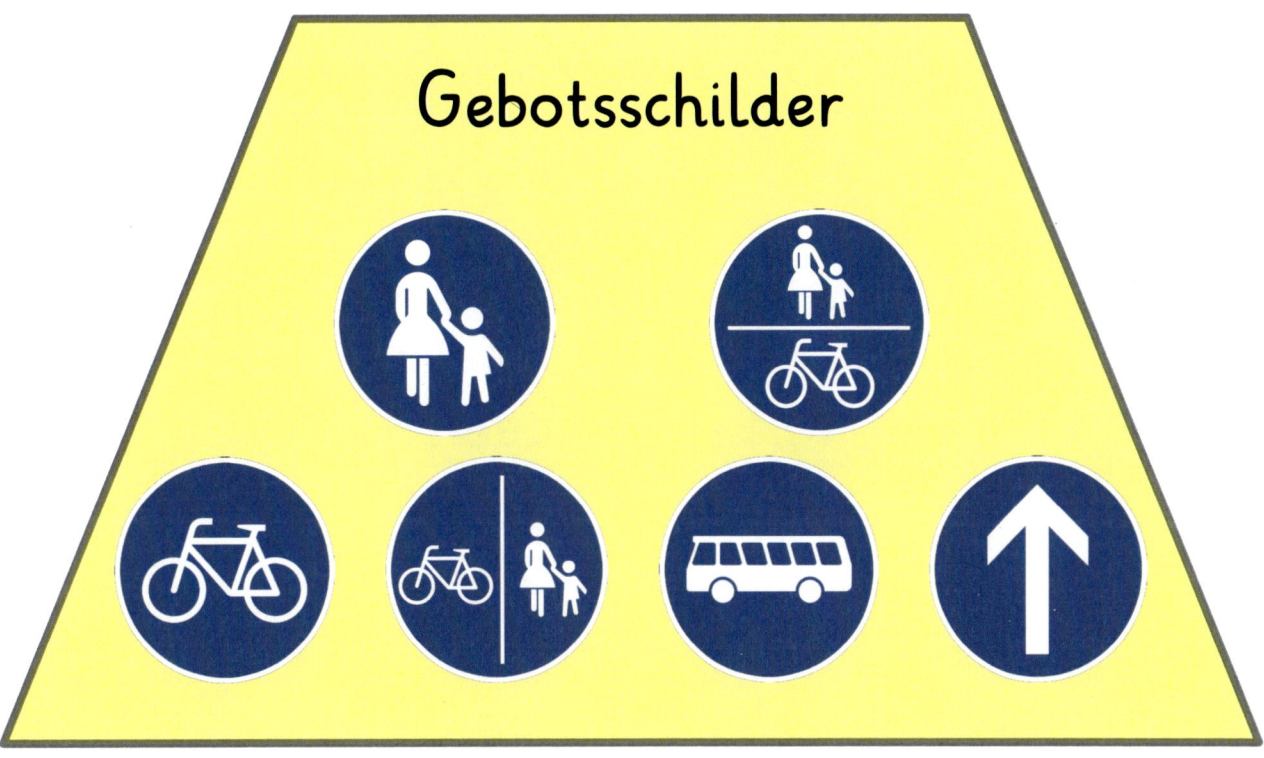

Gebotsschilder sind runde, blaue Verkehrsschilder.

Gehweg

Diesen Weg dürfen nur Fußgänger benutzen.
Ausnahme: Bis 8 Jahre müssen Kinder mit dem Rad den Fußweg benutzen, bis 10 Jahre dürfen die ihn benutzen.

Der Weg ist für Fußgänger.
Bis 10 Jahre darfst du ihn mit dem Fahrrad benutzen, aber auf Fußgänger besonders achten!

Radweg

Dieses Gebotszeichen zeigt einen Weg für Fahrradfahrer an.

Auch „diverse Skater" dürfen dort fahren.

Fußgänger dürfen den Radweg nicht benutzen, Radfahrer müssen ihn benutzen.

Getrennter Rad- und Fußweg

Das Schild weist darauf hin, welche Wegseite von Fußgängern und Radfahrern genutzt werden muss, da es zwei durch eine Linie getrennte Wege gibt.

Fahrradfahrer müssen den für sie bestimmten Weg benutzen. Sie dürfen weder auf dem Fußgängerweg noch auf der Fahrbahn fahren.

Gemeinsamer Geh- und Radweg

Sowohl Fußgänger als auch Radfahrer dürfen und müssen diesen Weg gemeinsam benutzen.

Fahre bitte vorsichtig.

Als Radfahrer musst du auf die Fußgänger besondere Rücksicht nehmen.

Radfahrer haben keine Vorfahrt.

Busfahrspur

Ein Busfahrstreifen oder Bussonderfahrstreifen (auch Busspur genannt) ist ein besonderer, gelegentlich abgegrenzter Fahrstreifen auf der Fahrbahn, dessen Benutzung nur für Omnibusse im Linienverkehr zulässig ist.

Vorgeschriebene Fahrtrichtung/en

Die Pfeile auf diesen Gebotszeichen geben die erlaubten Fahrtrichtungen an, in die man fahren darf.

Du darfst an der nächsten Kreuzung oder Straßeneinmündung nur in die Pfeilrichtung abbiegen.

Hier darfst du nur geradeaus fahren oder nach rechts abbiegen.

Verbotsschilder sind rund und haben einen roten Rand

Fahrverbot für Radfahrer

Mit dem Fahrrad darfst du hier nicht fahren.

Besonders in verkehrsberuhigten, von Fußgängern genutzten Bereichen und auf Gehwegen können Radfahrverbote zur Verringerung von Unfallgefahren dienen.

Verbot für Fußgänger

Dieses wichtige Zeichen heißt: Fußgänger verboten, du darfst hier also nicht durchgehen.

Autos und Radfahrer dürfen diese Straße benutzen.

Dieses Straßenschild steht meist bei stark befahrenen Straßen.

Fahrverbot

Hier darf kein Fahrzeug fahren. Fahrräder müssen geschoben werden. Es sei denn, das Schild ist mit dem Zusatz „Fahrrad frei" versehen.

Manchmal befindet sich unter diesem Verbotszeichen eine Zusatztafel, z. B: „22 – 6 Uhr, Zufahrt gestattet". Dann darf die Straße in dieser Zeit befahren werden.

Einfahrt verboten

Die Straße ist in dieser Fahrtrichtung gesperrt, du darfst nicht hineinfahren.

Trotzdem musst du auf Fahrzeuge achten, die aus der Straße herauskommen können, wenn es beispielsweise eine Einbahnstraße ist.

Halten und Parken / Parken verboten

Diese Zeichen zeigen mit den Zusatztafeln Anfang und Ende einer Strecke an, auf der entweder das Halten und Parken verboten oder nur das Parken verboten ist. Beim Parkverbot ist das Halten (für höchstens 10 Minuten) erlaubt.

Verbot für Kraftfahrzeuge, Krafträder und Mofas

Verbot für alle Pkws, Lkws, Busse und Motorräder. Mit dem Fahrrad darfst du hier fahren.

Um Straßen vom Durchgangsverkehr zu befreien, werden solche Verbotsschilder aufgestellt. Damit Bewohner und Anlieger zu den Häusern kommen, wird oft das Zusatzeichen „Anlieger frei" angebracht.

Gefahrenschilder

Gefahrenschilder sind dreieckig mit rotem Rand. Die Spitze zeigt nach oben.

Achtung Kinder

Dieses Schild warnt davor, dass sich hier Kinder auf der Straße befinden oder darauf laufen können.

Dieses Zeichen findet man vor allem dort, wo es Schulen, Spielplätze und Kindergärten gibt. Das Verkehrsschild gibt es zweimal: Kinder, die von rechts laufen und Kinder, die von links laufen.

Allgemeine Gefahren

Dieses Zeichen warnt vor Gefahren, für die es kein eigenes Verkehrszeichen gibt. Man soll langsam fahren und bremsbereit sein.

Meistens wird auf einer Zusatztafel genauer beschrieben, um welche Gefahr es sich handelt, z. B. Lawinengefahr, Werksausfahrt …

Bahnübergang

Hier muss man auf Züge und Schienenbahnen, die Vorrang haben, achten. Das Schild kann sowohl bei beschrankten als auch bei unbeschrankten Bahnübergängen stehen. Geschwindigkeit drosseln und aufmerksam fahren. Immer auf alle Beschilderungen, auf alle Signale achten. Man sollte die Schranke und das rote Licht zu hundert Prozent befolgen. Niemals auf einem Bahnübergang halten!

Fußgängerüberweg

Dieses Schild gibt den Hinweis auf Fußgänger, die sich hier in erhöhter Anzahl befinden können. Man muss damit rechnen, dass hier viele Leute die Fahrbahn überqueren wollen. Das Zeichen findet man meist dort, wo die Fußgänger schlecht zu sehen sind, an Ecken und Einmündungen. Besonders aufmerksam fahren und die Geschwindigkeit drosseln.

Kreuzung

Du näherst dich einer Kreuzung oder Wegeinmündung und musst auf die Vorfahrt achten.

Es steht meistens an schwer einsehbaren Kreuzungen und Einmündungen. Immer bremsbereit sein und die Vorfahrt beachten! Rechts fährt vor links!

Fahrbahnverengung

Das Gefahrenzeichen gibt den Hinweis auf eine deutliche Verengung beider Seiten der Fahrbahn.

Man findet das Zeichen in der Regel an Baustellen.

Die Straße kann auch nur rechts oder nur links enger werden, das sagen ähnliche Zeichen.

Vorfahrtsschilder

Vorfahrtsschilder regeln die Vorfahrt. Steht kein Schild, gilt immer:
Rechts fährt vor links!

Vorfahrt achten

Dieses Zeichen bedeutet, dass Fahrzeuge, die von rechts oder links kommen, zuerst fahren dürfen, sie haben Vorrang.

Vorsichtig an die Hauptstraße heranfahren. Hier musst du dann anhalten, wenn Fahrzeuge auf der bevorrechtigten Straße herankommen.

Halt

Dieses Zeichen wird auch Stopp-Schild genannt. Hier musst du unbedingt anhalten — nicht nur langsamer fahren. Fahrzeuge auf der Querstraße haben Vorfahrt. Fahre erst weiter, wenn auf der Querstraße keine Autos kommen.

Du musst vor der Haltelinie anhalten und als Radfahrer mindestens einen Fuß auf den Boden stellen.

Vorfahrtsstraße

Dieses Zeichen zeigt den Beginn einer Vorfahrtsstraße an.

Hier müssen andere Verkehrsteilnehmer an Einmündungen und Kreuzungen warten, bis du vorbeigefahren bist.

Die Vorfahrt endet, wenn die Verkehrsregelung durch ein anderes Schild oder eine Ampel geregelt wird.

Kreuzung mit Vorfahrt

Wer in Richtung des dicken Strichs fährt, hat Vorrang gegenüber dem Querverkehr. Das Schild wird auch „einmalige Vorfahrt" genannt. Linksabbieger müssen aber immer dem entgegenkommenden Verkehr und auch Radfahrern oder Fußgängern Vorrang gewähren.

Ende der Vorfahrtsstraße

Dieses Schild zeigt an, dass die Vorfahrtsstraße endet.

Ab sofort gilt die Rechts-vor-Links-Regel bzw. die Vorfahrtsregelung, die durch die folgenden Verkehrsschilder angezeigt wird.

Vorfahrtsstraße biegt ab

Die dicke Linie zeigt den Verlauf der Vorfahrtsstraße.

Ändert eine Vorfahrtsstraße an der Kreuzung ihren Verlauf, wird dies durch ein Zusatzschild Vorfahrtsverlauf angezeigt (abknickende Vorfahrtsstraße).

Die Vorfahrtsstraße kann nach rechts oder links abknicken.

Hinweisschilder

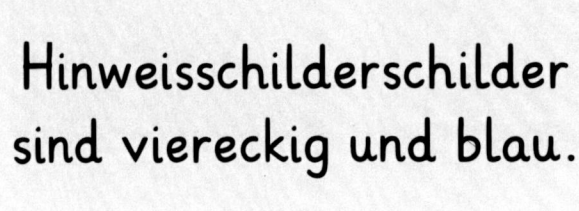

Hinweisschilderschilder
sind viereckig und blau.

Wohnstraße

Alle (auch Radfahrer) müssen langsam fahren (Schrittgeschwindigkeit) und besonders auf spielende Kinder und Fußgänger achten.
Oft werden diese Zonen auch Spielstraßen genannt.

Ist das Hinweiszeichen mit einer roten Linie schräg durchgestrichen, wird damit das Ende einer Spielstraße oder einer Wohnstraße angegeben.

Fußgängerüberweg

Fahrzeuge müssen vor dem Zebrastreifen anhalten und warten, wenn Fußgänger die Straße überqueren möchten.

Aber: Nicht einfach losrennen!

Betritt die Fahrbahn erst, wenn alle Autos stehen.

Fußgängerzone

Dieses Zeichen zeigt den Beginn einer Fußgängerzone an.
Hier dürfen keine Fahrzeuge fahren.
Fahrräder dürfen nur geschoben werden. Ausgenommen, es wird durch eine Zusatztafel erlaubt.
Fußgänger dürfen hier auch die Fahrbahn benutzen.
Das Schild in grau und durchgestrichen zeigt das Ende der Fußgängerzone an.

Sackgasse

Häufig sind Sackgassen in Wohngebieten anzutreffen. Es handelt sich um Straßen, die nur von einem Ende her zugänglich sind. Es bedeutet, dass die Straße nicht weiterführt. Um die Sackgasse zu verlassen, muss man sie zurückfahren, also wenden oder rückwärts fahren.

Kraftfahrstraßen

Auf dieser Straße dürfen nur Kraftfahrzeuge (z. B. Autos, LKWs, Busse oder Motorräder) fahren. Mit dem Fahrrad darfst du hier nicht fahren.

Häufig werden Kraftfahrstraßen auch Schnellstraßen genannt. Hier dürfen nur Fahrzeuge fahren, die mehr als 60 km/h fahren können.

Fußgänger oder Radfahrer dürfen sie nur an Kreuzungen überqueren.

Erste Hilfe

Hier ist alles für die Erste Hilfe zu finden. Bei Unfällen kann man, wenn möglich, diesen Posten aufsuchen. Durch solche Zeichen mit entsprechenden Sinnbildern können auch andere Hinweise gegeben werden, wie auf Fußgängerunter- oder -überführung, Fernsprecher, Notrufsäule, Pannenhilfe, Tankstellen, Zelt- und Wohnwagenplätze, Autobahnraststätte.

Ampeln und Zebrastreifen

Ampeln und Zebrastreifen regeln den Verkehr

Zebrastreifen

Am Zebrastreifen warten Fußgänger, bis Radfahrer und Autofahrer sie gesehen und angehalten haben. Erst dann kann der Überweg genutzt werden. Der Zebrastreifen fällt auf und sagt grundsätzlich „Achtung, Fußgänger könnten die Straße überqueren". Die Maße des Zebrastreifens sind genormt. Die Regel, dass ein Fußgänger am Zebrastreifen Vorrang hat, gilt in Deutschland erst seit 1996.

Fußgängerüberwege

Hier haben Fahrzeuge (außer Schienenfahrzeugen wie die Straßenbahn) Fußgängern das Überqueren der Fahrbahn zu ermöglichen. Sie dürfen nur langsam heranfahren; wenn nötig, müssen sie warten. Ist ein Zebrastreifen vorhanden, müssen Fußgänger diesen zur Überquerung der Straße benutzen. Radfahrer haben am Zebrastreifen keinen Vorrang, dafür müssten sie absteigen.

Die Ampel ist rot

Eine rote Ampel ordnet an: Halt vor der Kreuzung! Wenn du als Erster an der Ampel ankommst und eine Haltelinie vorhanden ist, hältst du dort an. Ansonsten hältst du einfach kurz vor der Ampel an. Du solltest auf keinen Fall über eine rote Ampel gehen oder fahren, auch wenn kein Fahrzeug zu sehen ist. Autos sind oft schneller, als man meint.

Die Ampel ist rot-gelb

Wenn eine Ampel rot-gelb ist, bedeutet das, dass du dich auf die Weiterfahrt vorbereiten solltest, da die Ampel in kurzer Zeit auf Grün schaltet. Trotzdem kann ein Blick ringsum nicht schaden, ob vielleicht auf der Querstraße noch ein Auto heranbraust, das auch bei Rot über die Kreuzung fährt.

Die Ampel ist grün

Auch eine grüne Ampel ist kein Freifahrtschein! Gib nach, falls ein Fahrzeug des Querverkehrs trotz rotem Signal in die Kreuzung einfährt. Das ist sicherer für dich und andere. Eine Besonderheit stellen Lichtzeichen mit Pfeilen dar. Ein grüner Lichtpfeil bedeutet, dass der Verkehr für diese Fahrtrichtung freigegeben ist, meist für Rechtsabbieger.

Die Ampel ist gelb

Eine gelbe Ampel kündigt an, dass die Ampel gleich Rot wird und du anhalten musst.

Wenn die Ampel ein gelbes Blinklicht zeigt, ist die Ampel nicht in Betrieb. In diesem Fall oder wenn die Ampel komplett ausgeschaltet ist, gelten die aufgestellten Verkehrszeichen. Wenn keine vorhanden sind, gilt die Grundregel rechts vor links.

Kreisverkehr

Wer im Kreisverkehr fährt, hat Vorfahrt. Wenn du in einen Kreisverkehr einfährst, musst du warten, bis kein Fahrzeug mehr kommt.

Gegenverkehr

An engen Stellen steht oft dieses Zeichen. Hier hat der Gegenverkehr Vorfahrt. Du musst warten, bis die Straße frei ist.

Baustelle

Hier gilt besondere Vorsicht. Meistens ist die Straße verengt und dazu noch unübersichtlich. Die Bauarbeiter können manchmal nicht genau auf den Verkehr achten, daher ist Rücksicht geboten.

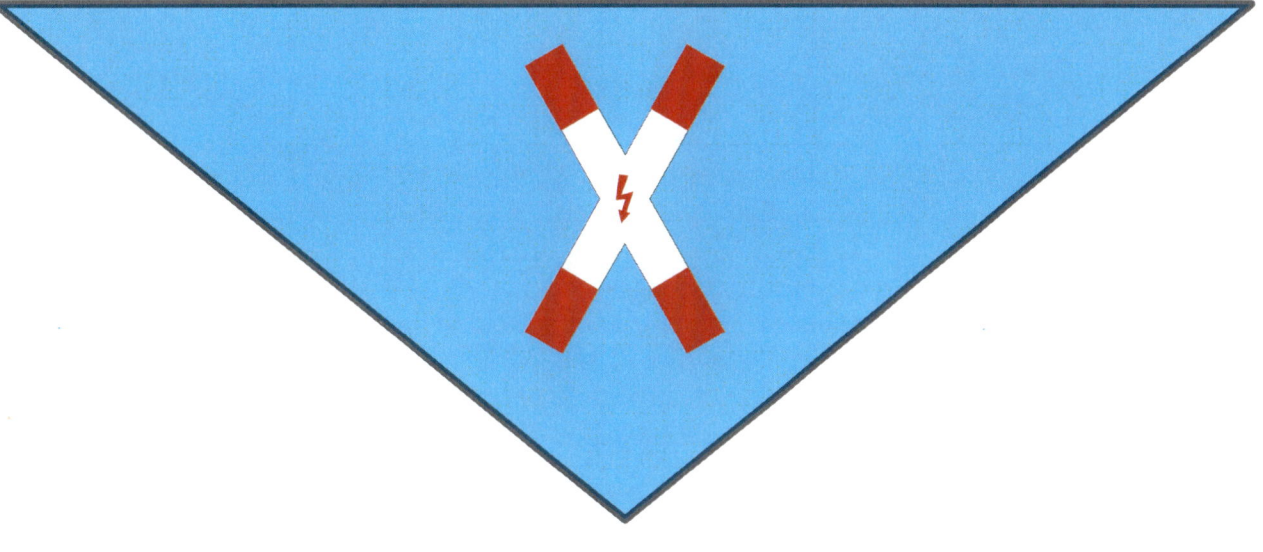

Andreaskreuz

Das Schild steht vor einem Bahnübergang. Es sagt, dass den Schienenfahrzeugen Vorfahrt gewährt werden muss.

Verkehrshelfer / Schülerlotsen

Verkehrshelfer überwachen hier den Verkehr und sorgen für Sicherheit. Der fließende Verkehr wird dafür regelmäßig angehalten, um Kinder (häufig Schulkinder) sicher über die Straße zu lassen.

Haltestelle

Dieses Verkehrszeichen bedeutet, dass hier eine Haltestelle für Straßenbahnen oder Busse zu finden ist. Auf ein- und aussteigende Fahrgäste muss man achten. Am haltenden Bus langsam vorbeifahren.

Montessori-Lege- & Lernmaterial

Klasse: 1 2 3 4 5 6 7 8 9 10 11-13

Dinosaurier — Sechs Giganten unter der Lupe
Autorenteam Kohl-Verlag — **NEU**

...material, bei dem die Schüler durch Zuordnen von Lege-...hen z.B. etwas über die zeitliche Einordnung von Dino-...ern oder deren Ernährung lernen. Werden die Kärtchen ...end angelegt, ergibt sich ein großer Stern mit insgesamt ...s Strahlen. Ergänzt wird dieses Material durch Quizkarten, ...as Gelernte aus dem Legematerial aufgreifen und zusätz-...weiteres Wissen vermitteln. Das Dinosaurier-Quiz enthält ...Schätzfragen zu Dinosaurier-Rekorden, bei denen ...inder bestimmt ins Staunen kommen werden!

Klassen: 2 3 4 5 6 7

| Buch | 15 038 | 18,80 € | PDF-Schullizenz 60,- € |
| PDF | P15 038 | 14,99 € | |

Die Geschichtsspirale — Von der Urgeschichte bis heute
Gary M. Forester

Dieser innovative Titel lädt zum Begreifen ein und macht das Lernen anschaulich. Das Lernmaterial der Geschichtsspirale beinhaltet einzelne farbige Segmente zum Ausschneiden. Auf dem Boden oder an der Wand entsteht eine riesige Geschichtsspirale. Das farbige Material besteht aus Segmenten zu den einzelnen Epochen in unterschiedlichen Farben auf Symbolen wie z.B. Tieren, Bildern, Personen.

48 Seiten, FARBIG

Klassen: 3 4 5 6 7 8 9 10 11-13

| Buch | 15 001 | 19,80 € | PDF-Schullizenz 64,- € | FÖ INK |
| PDF | P15 001 | 15,99 € | | |

Getreide — Die sieben Getreidearten
Gary M. Forester

...unserer wichtigsten Nahrungsmittel wird im Legekreis ...Samenkorn bis zum fertigen Produkt unter die Lupe ge-...men. Hafer, Gerste, Roggen, Weizen, Mais, Reis und Hir-...erden bildlich dargestellt, beschrieben und mit zahlreichen ...mationen versehen. Die Kinder erfahren auf diese Weise, ...r Brot und Nudeln stammen, woher Popcorn kommt und ...s andere mehr. Das ca. 1m² große Legematerial bietet auf ...Blick eine ansprechende Übersicht vom Korn zum ...beiteten Produkt.

Klassen: 2 3 4 5 6 7 8

| Buch | 15 008 | 19,80 € | PDF-Schullizenz 64,- € |
| PDF | P15 008 | 15,99 € | |

Deutschlands Bundesländer — Informationen, Bilder & Karten
Gary M. Forester

Um die Deutschlandkarte werden die 16 Bundesländer kreisförmig angelegt. Die Segmente der nächsten Kreisringe werden entsprechend ihrem Bundesland zugeordnet. Sie enthalten Bilder und Karten auf der einen Seite, Textinformationen auf der Rückseite. Das Material lässt sich durch die ansprechenden Bilder auf der einen Seite und die wissenserweiternden Infos vielfältig einsetzen.

80 Seiten, FARBIG

Klassen: 1 2 3 4 5 6 7 8 9 10 11-13

| Buch | 15 016 | 26,80 € | PDF-Schullizenz 86,- € | FÖ |
| PDF | P15 016 | 21,49 € | | |

Obst & Gemüse — Ein stetiger Wechsel
Gary M. Forester

...stets aktuelles Thema und Grundnahrungsmittel: Obst ...Gemüse! Die thematische Vielfalt wird hier anschaulich ...ckelt und dargestellt. Das Marktangebot wird erkundet ...heimisches Obst von anderen klimatischen Herkunftsre-...n unterschieden. Gemüse wird nach essbaren Teilen wie ...el, Blatt, Stängel, Frucht usw. sortiert. Die ansprechende ...sicht lässt keine Wünsche offen!

Klassen: 1 2 3 4 5 6

| Buch | 15 027 | 19,80 € | PDF-Schullizenz 64,- € |
| PDF | P15 027 | 15,99 € | |

Reise um die Welt — Die berühmtesten Bauwerke unserer Erde
Gary M. Forester

Die Reise führt in ferne Länder und Kontinente. Die Schüler lernen berühmte Bauwerke wie z. B. Big Ben, den Eiffelturm, die Pyramiden von Gizeh, die Freiheitsstatue oder das Empire State Building kennen. Sie erfahren Wissenswertes und Interessantes über die weltbekannten Bauten und lernen, sie den verschiedenen Erdteilen und Ländern zuzuordnen. So entsteht ein wunderschöner Legekreis.

60 Seiten, FARBIG

Klassen: 3 4 5 6 7

| Buch | 15 037 | 24,80 € | PDF-Schullizenz 80,- € |
| PDF | P15 037 | 19,99 € | |

Formen & Farben — So kann man Kunst begreifen!
Gary M. Forester

...reiche Farbkarten zum Ausschneiden und Legen in verschiedenen For-...die z.B. für das Nachlegen des Farbkreises nach Itten, Hell-Dun-...stufungen, Komplementärfarben oder zur Wahrnehmungsförde-...genutzt werden können.

Klassen: 1 2 3 4 5 6

| Buch | 15 002 | 19,80 € | PDF-Schullizenz 64,- € | FÖ |
| PDF | P15 002 | 15,99 € | | |

Alle Länder in Europa
Wolfgang Schmidt

Umfangreiches Material mit vielen Arbeitsmöglichkeiten. So können die Legematerialien auf verschiedenste Weise zusammengeführt werden oder als Vorlagen für Ländersteckbriefe oder ein Länderheftchen für die Schülerhand dienen.

68 Seiten, FARBIG

Klassen: 3 4 5 7 8 9

| Buch | 24 007 | 55,80 € |

- Länder, Städte, Flaggen
- Daten, Fakten
- Besonderheiten
- EU- & Nicht-EU-Länder

Feuerwehr, Polizei & Co — Helfer in der Not
Gary M. Forester

...nisationen, die in Notsituationen und Katastrophenfällen Hilfe leisten, ...ieren Kinder. Welcher Aufgabe gehen Feuerwehr, Polizei und Rettungs-...nach? Und was machen das THW oder der Katastrophenschutz? Dieser ...kreis liefert Antworten auf viele Fragen!

Klassen: 1 2 3 4

| Buch | 15 019 | 21,80 € | PDF-Schullizenz 703,- € |
| PDF | P15 019 | 17,49 € | |

Brücken — Architektur und Geschichte
Wolfgang Schmidt

Entstehung, Bautypen, Formen und andere wissenswerte Fakten werden reichlich bebildert auf den Punkt gebracht und regen zur Vertiefung an. Das Thema fasziniert die Kinder erfahrungsgemäß und sorgt für hohe Motivation!

17 Seiten, FARBIG

Klassen: 3 4 5 6

| Buch | 24 033 | 13,80 € |

Ewiger Kalender — Durchs Jahr mit dem Kalender
Wolfgang Schmidt — 4 bis 12 Jahre

...szeiten, Monate, Wochentage ... Lose Karten ergeben das Datum. Für ...rbeobachtungen stehen Wetter- & Thermometerkarten zur Verfü-...Hinzu kommen Karten zu den Mondphasen und zu den Sternzei-...Mit speziellen Geburtstagskarten für Geburtstagskinder ...

..iten, FARBIG

Klassen: 1 2 3 4 5 6

| Buch | 24 005 | 14,80 € |

Laubbäume — anhand ihrer Merkmale erkennen
Wolfgang Schmidt

Dieses Lege- & Informationsmaterial führt in die spannende Welt der Laubbäume, ihrer Blätter, Blüten, Rinden und Früchte ein. Das Material ist auch für ein Quartettspiel geeignet oder kann zu einem Büchlein gebunden werden.

52 Seiten, FARBIG

Klassen: 2 3 4 5

| Buch | 24 032 | 24,80 € |

Kalendermaterial
Wolfgang Schmidt

...Wort- und Bildkärtchen zu den Jahreszeiten und Monaten werden einan-...geordnet, die Anzahl der Tage der einzelnen Monate wird vermittelt und ...der erfahren, woher die Monate ihren Namen haben.

..., FARBIG

Klassen: 1 2 3 4

| Buch | 24 016 | 13,80 € |

Baumkreis — mit 14 Laubbäumen
Wolfgang Schmidt — 7-14 Jahre

Die zahlreichen Kärtchen je Baum werden zu einem Kreis (Ø = 107 cm) ausgelegt. Dies erfolgt von innen nach außen. Der Innenkreis gibt die Anordnung der Bäume vor.

30 Seiten, FARBIG

Klassen: 2 3 4 5 6 7 8

| Buch | 24 058 | 19,80 € |

- Baum, Frucht, Blüte, Blatt, Name & Borke

FÖ Förderbedarf · **INK** Inklusion · **BF** Begabtenförderung · Lernen an Stationen · Arbeitsmaterial zur Differenzierung · Zusatzmaterial

www.kohlverlag.de

Klasse

Montessori-Lege- & Lernmaterial

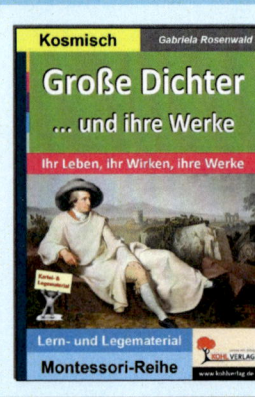

Gabriela Rosenwald

Große Dichter ... und ihre Werke
Ihr Leben, ihr Wirken, ihre Werke

Mit einem 10-strahligen Stern lernen die Schüler bedeutende deutsche Dichter kennen. Sie erfahren das Wichtigste über das Leben der Künstler und ihre bekanntesten Werke. Die Bilder aus den Jahren von 1700 bis 1900 versetzen einen in die damalige Zeit. Im Sinne Maria Montessoris werden die verschiedenen Persönlichkeiten selbstständig erforscht.

NEU ab Okt.

48 Seiten, FARBIG

			PDF-Schullizenz
Buch	15 044	21,80 €	70,- €
PDF	P15 044	17,49 €	

Anneli Klipphahn

Das Geheimnis der Symbole
Geheimnisvoll und tiefgründig ...

Ganz gleich, wo wir sind und womit wir uns beschäftigen, überall begegnen uns Symbole. Symbole sind geheimnisvoll und tiefgründig, sie eröffnen uns Welten, die schwer zu erkennen sind. Mithilfe des Legekreises tauchen die Schüler in das Geheimnis der Symbole ein. Das Material kann sowohl für die Freiarbeit als auch für verschiedene andere Unterrichtsaktivitäten genutzt werden. Unser Produkt „Der Weg als Symbol" schließt ergänzend an dieses Material an:

NEU ab ...

24 Seiten, FARBIG

Buch	15 045	17,80 €	PDF-Schullizenz
PDF	P15 045	14,29 €	58,- €

Gary M. Forester

Verkehrszeichen
Ohne Regeln geht es nicht ...
Sicher im Straßenverkehr

Die Kenntnis der wichtigsten Verkehrsschilder soll den Kindern eine Hilfe sein, ihr Wissen über den Straßenverkehr zu festigen. Über 40 Zeichen, die auch unsere Kinder schon betreffen, wie Radfahrwege, Ampel oder Zebrastreifen werden hier vorgestellt. In einem sechsstrahligen Stern können die Kinder 42 Verkehrszeichen kennenlernen und anlegen.

NEU ab Dez.

36 Seiten, FARBIG

Buch	15 043	19,80 €	PDF-Schullizenz
PDF	P15 043	15,99 €	64,- €

Gary M. Forester

Die zehn Gebote

Die 10 Gebote sind die Richtschnur für eine christliche Lebensführung. Anhand eines Legekreises werden alle 10 Gebote eingeführt und mit Geschichten, Merksätzen, Beispielen und Bildern veranschaulicht. Durch Vorder- und Rückseite des Legematerials kann sich der Schüler eigenständig dem Thema widmen und sein Wissen auf spielerische Art überprüfen.

48 Seiten, FARBIG

Buch	15 034	21,80 €	PDF-Schullizenz
PDF	P15 034	17,49 €	70,- €

Gary M. Forester

Die fünf Sinne
Legematerial zu den menschlichen Sinnen

Legematerial zu den fünf Sinnen hören, riechen, sehen, schmecken und fühlen! Das ansprechende Material bietet neben zahlreichen Informationen in Textform auch eindrucksvolle Bilder und Wissenswertes über die Funktionsweise des jeweiligen Sinnes.

32 Seiten, FARBIG

Buch	15 020	16,80 €	PDF-Schullizenz
PDF	P15 020	13,49 €	54,- €

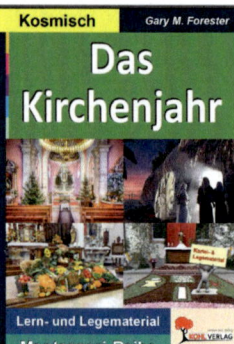

Gary M. Forester

Das Kirchenjahr

Der Band bietet anschauliches Legematerial in Kreisform zum katholischen Kirchenjahr. Neben faszinierenden Zeichnungen wird auf der Rückseite das jeweilige Fest kindgerecht erklärt. Farbliche Unterlegungen heben einzelne Abschnitte wie Weihnachts- oder Osterzeit deutlich hervor. Gerade die ansprechenden Illustrationen laden dazu ein, sich immer wieder mit dem Material zu beschäftigen. Auch für den kirchlichen Unterricht (Kommunion, Firmung...) bestens geeignet. Das Material zum Anfassen und Begreifen sollte in keiner Pfarrschaft bzw. Gemeinde fehlen.

48 Seiten, FARBIG

Buch	15 032	20,80 €	PDF-Schullizenz
PDF	P15 032	16,49 €	66,- €

Gary M. Forester

Von der Empfängnis zur Geburt

Kurze Infotexte und passende Bilder zu den Entwicklungsstadien sind in dem umfangreichen Legematerial zu einer spannenden Reise durch die Monate von der Empfängnis zur Geburt zusammengestellt. Wissensdurst und Neugier werden gestillt.

48 Seiten FARBIG

Buch	15 005	21,80 €	PDF-Schullizenz
PDF	P15 005	17,49 €	70,- €

Gary M. Forester

Weltreligionen entdecken & begreifen

Eindrucksvolle Bilder und Darstellungen wesentlicher Elemente der Weltreligionen. Die Bilder auf der Vorderseite richtet sich an Kinder, die noch nicht lesen können oder an Kinder mit Inklusionsbedarf. Die Texte der Rückseiten eignen sich auch zum Vorlesen.

32 Seiten FARBIG

Buch	15 014	18,80 €	PDF-Schullizenz
PDF	P15 014	14,99 €	60,- €

FÖ

Gary M. Forester

Die Entwicklung des Menschen

Die Entwicklung des Menschen von der Geburt bis zum Lebensabend wird spiralförmig dargestellt. Einzelne farbige Segmente bilden eine übersichtliche Entwicklungsspirale. Das farbige Material besteht aus Segmenten zur körperlichen Entwicklung ... und macht sie damit sichtbar!

48 Seiten FARBIG

Buch	15 012	19,80 €	PDF-Schullizenz
PDF	P15 012	15,99 €	64,- €

Gary M. Forester

Die Schöpfungsgeschichte

Die Kinder legen einen siebenstrahligen Stern, der jedem einzelnen Tag der Schöpfungsgeschichte entspricht. Land, Licht, Pflanzen, Tiere und der Mensch treten der Reihe nach in Erscheinung. Und am 7. Tage ruhte Gott ...

48 Seiten FARBIG

Buch	15 021	19,80 €	PDF-Schullizenz
PDF	P15 021	15,99 €	64,- €

Verena Wanstrath

Kinder rund um die Welt

Leben und Alltag von Kindern in fremden Ländern. Mit Hilfe von Sachinformationen, Liedern, Spielen, Bastelideen ... tauchen die Kinder in fremde Kulturen und deren Lebenswirklichkeit ein.

96 Seiten FARBIG

Buch	15 003	29,80 €	PDF-Schullizenz
PDF	P15 003	23,99 €	96,- €

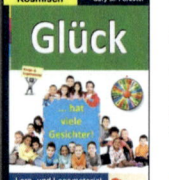

Gary M. Forester

Glück ... hat viele Gesichter

Was ist Glück? Wann spricht man von Glück? Kann man Glück zufällig begegnen? Hängt es von materiellen Dingen oder von unseren Mitmenschen ab? Oder können wir es in uns selbst finden und fühlen? Kann es biochemisch erklärt werden? Wir machen uns auf die Spur des Glücks ...

40 Seiten FARBIG

Buch	15 031	17,80 €	PDF-Schullizenz
PDF	P15 031	14,29 €	58,- €

Gary M. Forester

Musikinstrumente entdecken

Sternförmiges Legematerial zu Blas-, Streich-, Zupf- & Tasteninstrumenten sowie zu elektronischen Instrumente und Schlag- & Rhythmusinstrumenten. Auf der Rückseite der Abbildungen sind knackig und kurz wichtige Infos über das jeweilige Instrument zusammengefasst.

48 Seiten FARBIG

Buch	15 017	21,80 €	PDF-Schullizenz
PDF	P15 017	17,49 €	70,- €

Gary M. Forester

Sozialkompetenz stärken

Kleine Geschichten steigern das Bewusstsein für soziales Handeln. Die wichtigsten Sozialkompetenzen werden abgedeckt, das Legematerial dient beispielhaft zur Selbstreflektion, um soziales Miteinander und guten Umgang zu fördern.

32 Seiten FARBIG

Buch	15 026	17,80 €	PDF-Schullizenz
PDF	P15 026	14,29 €	58,- €

www.kohlverlag.de • Bestell-Hotline: (0049) (0)2275 / 331610 • Fax: (0049) (0)2275 / 331612 • info@kohlverlag.de